COLLECTION
LES MILLE MOTS

LE LIVRE
DES PHRASES
EN FRANÇAIS

Heather Amery et Katherine Folliot
Illustrations de Colin King

éditions du pélican

L'inspecteur Nom et le mystère du marché

le marché

les légumes

les fruits

Nom va au marché à la recherche d'un voleur.

les cerises   **les fraises**   **les framboises**

Il se demande qui a mangé les cerises, les fraises et les framboises.

l'ananas   **le melon**   **la pomme**

Il regarde un ananas, fait tomber un melon et mange une pomme.

les oranges   **les citrons**   **les abricots**

Il passe devant les oranges, les citrons et les abricots.

les poires   **les raisins**   **les bananes**

Il examine les poires, les raisins et les bananes.

la pêche   **le pamplemousse**   **les prunes**

Il s'arrête pour tâter une pêche, acheter un pamplemousse et des prunes.

les petits pois

les haricots

la laitue

« Qui a mangé les petits pois, les haricots et la laitue ? »

les pommes de terre

les carottes

les choux

Nom regarde de près les pommes de terre, les carottes et les choux.

la tomate

les champignons

le cresson

Dans sa hâte, il écrase une tomate, fait tomber des champignons et renverse le cresson.

les navets

les choux de Bruxelles

les betteraves

Il jette un coup d'œil aux navets et aux choux de Bruxelles et passe à quatre pattes devant les betteraves.

le céleri

les radis

les oignons

Il regarde en passant le céleri, les radis et les oignons.

le poireau

le chou-fleur

les voleurs

Il glisse sur un poireau, trébuche sur un chou-fleur et découvre les voleurs.

L'Inspecteur Nom et le vol des diamants

le bateau **la passerelle** **le capitaine**

L'inspecteur Nom va jusqu'au bateau en voiture. Il monte sur la passerelle et va parler au capitaine.

les diamants **le cambrioleur** **la dame**

Le capitaine lui dit qu'un cambrioleur a volé des diamants. Mais une dame l'a vu s'enfuir.

le pavillon

le treuil

le pont le matelot

l'écoutille

la chaîne

le chat

l'ancre

la cargaison

la cale

la couchette

la cabine d'équipage

la cabine

l'avant

la chaufferie

le pont   **l'homme**   **les poches**

Nom avance furtivement sur le pont et saisit l'homme. Mais ses poches sont vides.

le mât

la cheminée

Le voleur a caché les diamants quelque part sur le bateau.

Parviendras-tu à les retrouver ?

la mouette

la passerelle

le salon

le transat

les canots de sauvetage

le bastingage

le chef cuisinier

la cuisine

la salle à manger

le garçon

l'arrière

la salle de bains

la douche

l'escalier

les hublots

le gouvernail

l'hélice

le mécanicien   **l'échelle**

7

Le policier Verbe a une journée chargée

dormir

se réveiller

se lever

Verbe dort dans son lit. Il se réveille et se lève.

ouvrir

se laver

s'essuyer

Il ouvre les robinets, se lave les mains et s'essuie la figure.

laver

enlever

s'habiller

Il se lave les dents, enlève son pyjama et s'habille.

brosser

glisser

manger

Verbe se brosse les cheveux, glisse le long de la rampe, puis mange une tartine.

boire

lire

casser

Il boit son café, lit le journal et casse une assiette.

donner à manger

fermer

ouvrir

Il donne à manger au canari, ferme la fenêtre et ouvre la porte.

conduire

entrer

écrire

Il conduit sa voiture, entre dans son bureau et écrit une lettre.

parler

dire

courir

Il parle à quelqu'un au téléphone, dit à Nom qu'il y a eu un cambriolage et court à sa voiture.

regarder

examiner

suivre la trace

Il regarde une fenêtre, examine une empreinte et suit la trace du cambrioleur.

poursuivre

attraper

se bagarrer

Verbe poursuit le cambrioleur, l'attrape et ils se bagarrent.

donner un coup de pied

donner un coup de poing

tomber

Malandrin donne un coup de pied à Verbe, Verbe donne un coup de poing au cambrioleur et celui-ci tombe.

remettre sur pied

emmener

enfermer à clé

Verbe le remet sur pied, l'emmène au commissariat et l'enferme à clé.

L'inspecteur Nom et le taureau primé

Trois voleurs idiots essaient de voler un taureau primé.
Par quelles barrières l'inspecteur Nom doit-il passer pour les appréhender ?

la ferme

la grange

l'épouvantail

le foin

le potager

les bûches

la charrette

le fermier

l'inspecteur Nom

la fermière

les cochons

la porche

les dindons

le coq

les porcelets

le poulailler

les poules

les oisons

les poussins

les oies

l'ouvrier agricole

les canards

la mare

les canetons

l'écurie

la paille

les agneaux

la chèvre

les moutons

le hangar

le verger

la remorque

le tracteur

la charrue

silo

l'élévateur

l'abreuvoir

les vaches

l'enclos

e berger

les veaux

l'étable

le chien de berger

l'âne

les chevaux

le taureau

le poulain

le camion

11

L'inspecteur Nom et l'espionnage industriel

l'usine

Nom se tient aux aguets devant une usine. Il voit deux espions qui sortent en courant.

la rue

la grille

le jardin public

Il les suit tout le long de la rue, franchit la grille et entre au jardin public.

le lac

les balançoires

la fanfare

Il passe devant le lac, les balançoires et la fanfare.

l'école

les barreaux

la cour de récréation

Les espions s'approchent d'une école. Nom regarde à travers les barreaux et les aperçoit dans la cour de récréation.

l'église

le cinéma

l'hôtel

Courant à leurs trousses, il passe devant une église, contourne un cinéma et entre dans un hôtel.

le café

les feux

le passage pour piétons

Il trouve les espions assis à un café. Ils se dirigent vers les feux et traversent la rue au passage pour piétons.

l'arrêt d'autobus

le réverbère

la statue

Ils attendent à un arrêt d'autobus. Nom se glisse derrière un réverbère et va se cacher derrière une statue.

l'autobus

l'hôpital

le trou

Les espions ratent l'autobus et continuent leur route à pied. Ils passent devant l'hôpital et évitent un trou dans la chaussée.

le marteau piqueur

la pelleteuse

le rouleau compresseur

Ils voient un ouvrier et son marteau piqueur, une pelleteuse et un rouleau compresseur.

les tuyaux

les briques

le gendarme

Ils sautent par-dessus des tuyaux et des briques. Puis ils aperçoivent Nom en train de parler à un gendarme.

le bureau

l'escalier

l'escalier de secours

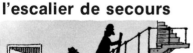

Ils se dépêchent d'entrer dans un bureau, escaladent l'escalier et empruntent l'escalier de secours.

le toit

le drapeau

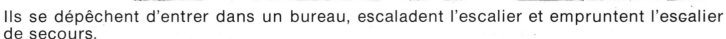

la cheminée

Nom les pourchasse jusque sur le toit, contourne un drapeau et finit par les attraper près d'une cheminée.

L'inspecteur Nom fait un voyage en avion

aéroport

L'inspecteur Nom se rend en voiture à l'aéroport. Il est sur la trace d'un fraudeur.

le billet

la douane

le passeport

On contrôle son billet. Il passe la douane et fait tamponner son passeport.

la salle de départ

la carte d'embarquement

les passagers

Il s'assied dans la salle de départ. Il reçoit sa carte d'embarquement. Il observe les autres passagers.

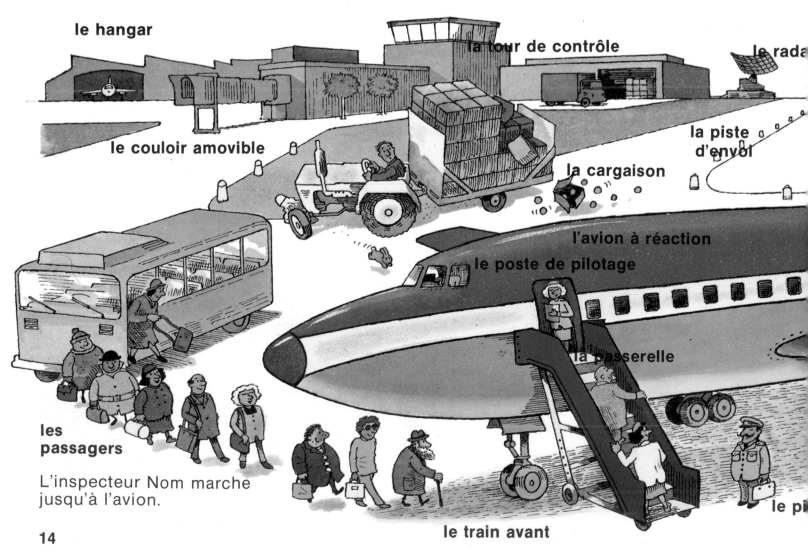

le hangar

la tour de contrôle

le rada

le couloir amovible

la piste d'envol

la cargaison

l'avion à réaction

le poste de pilotage

la passerelle

les passagers

L'inspecteur Nom marche jusqu'à l'avion.

le train avant

le p

14

a cabine

la place

la ceinture de sécurité

Il avance dans la cabine et trouve sa place. Il attache sa ceinture de sécurité.

la piste d'envol

le décollage

le poste de pilotage

L'avion roule très vite sur la piste et décolle. Nom se rend au poste de pilotage.

le pilote

les commandes

le couloir

Il parle au pilote, regarde les commandes et revient le long du couloir central.

les lingots d'or

l'hôtesse de l'air

le contrebandier

Il aperçoit les lingots d'or, chuchote quelque chose à l'hôtesse et arrête le contrebandier.

15

L'inspecteur Nom et le magasin de déguisements

Nom et son assistante vont choisir un déguisement pour une mission secrète. Combien en essaient-ils ?

bottes

chaussures

pantoufles

chapeaux

casquettes

chaussettes

cravates

pantalons

jeans

kilts

chemises

manteaux

tricots

gants

anoraks

salopettes

costumes

imperméables

perruques

faux nez

pyjamas

uniformes

barbes

moustaches

robes de chambre

shorts

tee-shirts

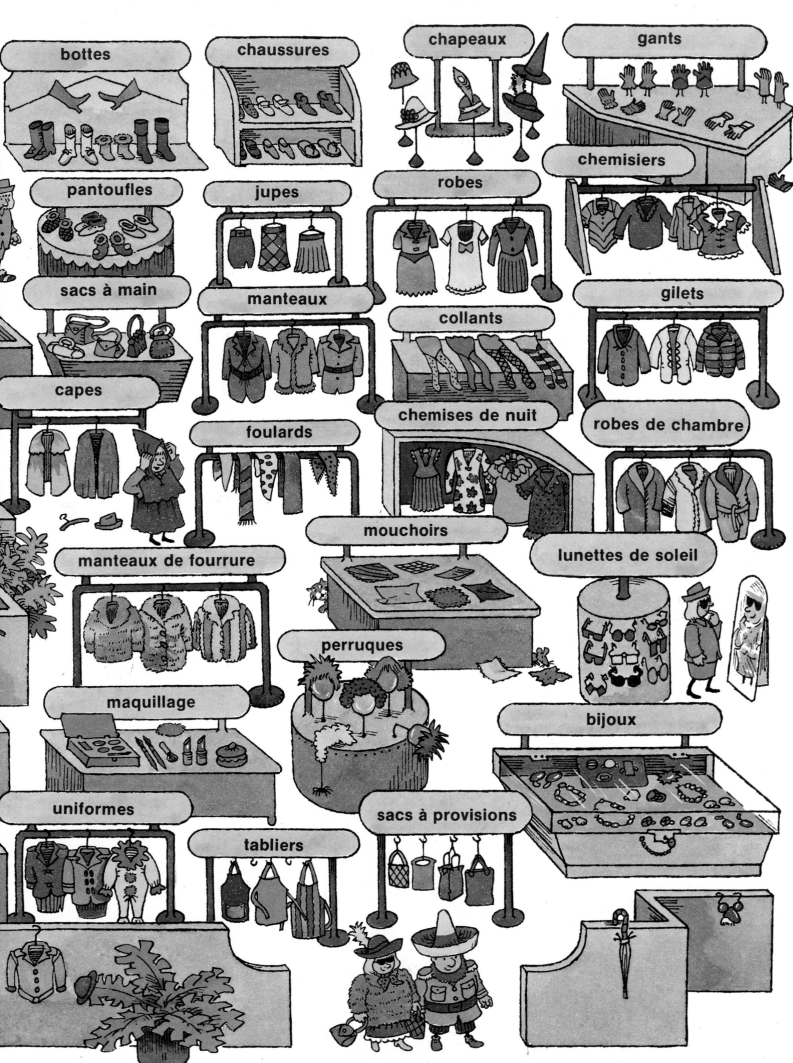

bottes

chaussures

chapeaux

gants

chemisiers

pantoufles

jupes

robes

sacs à main

manteaux

gilets

collants

capes

chemises de nuit

robes de chambre

foulards

mouchoirs

lunettes de soleil

manteaux de fourrure

perruques

maquillage

bijoux

uniformes

sacs à provisions

tabliers

L'Inspecteur Nom et le gang du supermarché

Nom va au supermarché. Il recherche des voleurs de victuailles.

le pain   **le beurre**   **le fromage**

Il passe devant les rayons du pain et du beurre, examine le fromage,

le lait   **le yaourt**   **les œufs**

suit la piste le long des rayons de lait et de yaourts, et... fait tomber des œufs.

le jambon   **le bacon**   **le poisson**

Nom inspecte le jambon et le bacon et avance à quatre pattes devant l'étalage de poisson.

la farine   **le sucre**   **le chocolat**

Il jette un coup d'œil à la farine, au sucre et au chocolat.

le miel   **la confiture**   **les bonbons**

Il s'arrête devant des pots de miel, regarde de près la confiture, et choisit un paquet de bonbons.

les gâteaux

les biscuits

les petits pains

Il passe en courant devant les gâteaux et les biscuits et enjambe les petits pains.

les boîtes de conserve

les bouteilles

les bocaux

Il renverse des boîtes de conserve, des bouteilles et des bocaux.

le congélateur

le panier

les boîtes

Il se repose près du congélateur. D'un coup de pied, il renverse un panier et des boîtes en carton.

la viande

le poulet

les saucisses

Nom découvre de la viande, un poulet et des saucisses.

la caisse

les sacs à provisions

les sacs de pommes de terre

Il passe en courant derrière la caisse, saute par-dessus des sacs à provisions et des sacs de pommes de terre.

les voleurs

le chariot

la prison pour chiens

Puis il prend les voleurs en flagrant délit. Il les met dans un chariot et les emmène à la prison pour chiens.

Le détective Préposition et le château hanté

Le détective Préposition se rend au château. Des escrocs y ont caché leur butin.

aux **sur** **par**

Il arrive aux douves, passe sur le pont-levis et entre par la porte principale.

sous **avec** **entre**

Il regarde sous une pierre, cherche le trésor avec sa lampe électrique et la dirige entre deux canons.

contre **de** **dans**

Il se cache contre un pilier, entend un bruit de pas et regarde dans une pièce.

derrière **pour** **vers**

Un fantôme surgit derrière lui. C'en est trop pour Préposition qui court vers l'escalier.

jusque **à travers** **devant**

Il dégringole jusqu'en bas, passe à travers le plancher et atterrit devant le butin !

Le Détective Pronom
à la rescousse

Voyant que Préposition ne revient pas, le détective Pronom part pour le château hanté.

elle   **vous**   **le**

Elle entre par le portail, s'écrie : « Où êtes-vous ? » et le cherche.

il   **moi**   **je**

Puis elle s'aperçoit qu'il est dans le cachot. « S'il vous plaît, aidez-moi », dit-il. « Je vais vous sortir de là », dit-elle.

nous   **ils**   **nous**

« Vite, cachons-nous. Ils descendent par ici et ils vont nous voir. »

l'   **la**   **les**

« Nous l'avons trouvé », dit un bandit. Soudain ils la voient, mais elle les arrête.

L'inspecteur Nom et les ravisseurs

Une nuit, dix espions entrèrent furtivement dans un hôtel pour enlever un savant célèbre.

Lorsqu'ils entendirent l'inspecteur Nom arriver, ils se cachèrent. Où sont-ils ?

les filles

les garçons

le savant

la chambre

la douche

la chambre

les toilettes

endule

le lampadaire

la glace

les livres

la télévision

la réception

le charbon

la cheminée

le coussin

les fauteuils

la bibliothèque

es rayons

le placard

l'office

le vin

la bière

la chaudière

L'inspecteur Nom à la poursuite des escrocs

la prison

Deux escrocs s'évadent de prison. Nom leur court après.

le tandem

la bicyclette

Ils s'échappent sur un tandem. Nom les poursuit en bicyclette.

la trottinette

les patins à roulettes

Ils sautent sur une trottinette. Nom les suit en patins à roulettes.

la voiture

le taxi

Les escrocs volent une voiture. Nom prend un taxi.

le camion

la camionnette

Ils se sauvent en camion. Nom les file de près en camionnette.

l'avion

l'hélicoptère

Les escrocs s'enfuient en avion. Nom leur donne la chasse en hélicoptère.

le parachute

le ballon

Ils redescendent en parachute. Nom atterrit en ballon.

le train

la voiture de course

Ils prennent le train. Nom les poursuit dans une voiture de course.

le canot à moteur

le voilier

Ils volent un canot à moteur. Nom suit en voilier.

le bateau à rames

le canoë

Ils sautent dans un bateau à rames. Nom pagaie à leur poursuite en canoë.

le van

la voiture de pompiers

Ils volent un van. Nom profite d'une voiture de pompiers pour les suivre.

la moto

l'ambulance

Ils ont un accident de moto. Nom les arrête et les emmène en ambulance.

École pour verbes-détectives

Voici de nombreux verbes dans une école pour détectives.

Peux-tu trouver les six escrocs qui les épient ?

pousser

marcher

plonger

sauter

nager

jouer

creuser

porter

lutter

tirer

se cacher

sauter à la corde

marcher à quatre pattes

sourire

trouver

tirer

lancer

rire

s'asse

monter à cheval

voler

ramer

patiner

construire

couper

souffler

...mber

se tenir debout

faire la course

chanter

jouer

diriger

peindre

attendre

réfléchir

danser

se balancer

sautiller

tricoter

faire la cuisine

bricoler

coudre

arrêter

27

Le détective Adverbe et le voleur de viande

la boulangerie

la boucherie

le fleuriste

Un soir, Adverbe vit un homme voler de la viande. Voici ce qu'il raconta.

lentement

bruyamment

tristement

Un chien s'approcha lentement de la boucherie, en flairant bruyamment, puis tristement se coucha.

brusquement

sur-le-champ

joyeusement

Brusquement, un homme saisit un morceau de viande ; le chien le mangea sur-le-champ, en remuant joyeusement la queue.

doucement

avec colère

rapidement

L'homme caressa doucement le chien. Le boucher s'exclama avec colère et l'homme s'enfuit rapidement.

violemment

presque

aussi

Le chien aboya violemment. Le boucher l'attrapa presque, mais le chien se sauva lui aussi.

Le rapport du détective Adjectif

Adjectif aperçut le chien et l'homme. Voici la description qu'elle en donna.

fin **pointu** **marron**

Le chien avait un museau fin, des oreilles pointues et des yeux marron.

noir **long** **rouge**

Il avait un pelage noir, une longue queue et portait un collier rouge.

rond **bouclé** **gris**

L'homme avait un visage rond, des cheveux bouclés et une barbe grise.

vert **vieux** **blanc**

Il portait un chapeau vert, un vieux manteau et une chemise blanche.

bleu **jaune** **grand**

Il avait un pantalon bleu, des chaussettes jaunes et des grandes bottes.

L'inspecteur Nom et les contrebandiers

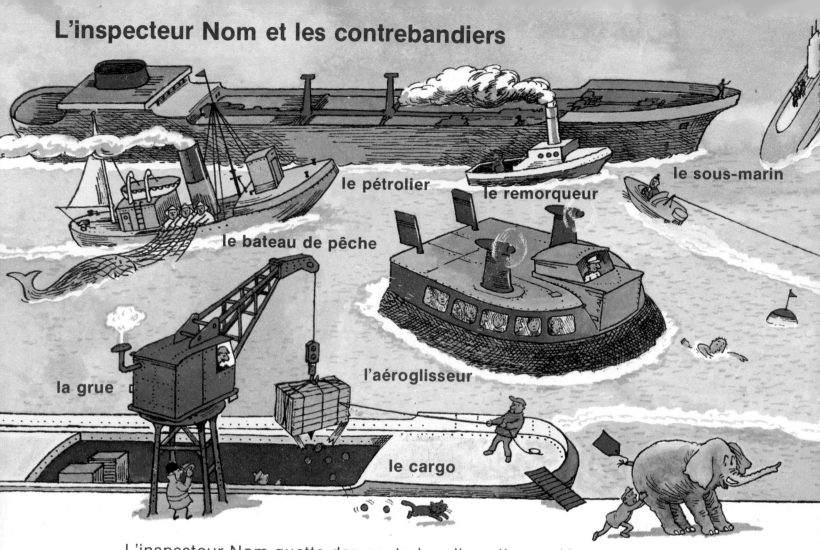

le pétrolier

le remorqueur

le sous-marin

le bateau de pêche

la grue

l'aéroglisseur

le cargo

L'inspecteur Nom guette des contrebandiers. Il veut découvrir leur cachette.

le bateau à moteur

les contrebandiers

la plage

Il voit arriver un bateau à moteur et épie les contrebandiers. Il les suit le long de la plage.

le château de sable

le seau

le parasol

Ils démolissent un château de sable, renversent un seau et font tomber un parasol.

la pelle

le ballon

le pique-nique

L'un d'eux met le pied sur une pelle, un autre tape dans un ballon. Les contrebandiers font un pique-nique.

l'épave

la jetée

hydrofoil

ki nautique

le bac à voitures

la bouée

caisses

l'entrepôt

es galets

le crabe

la flaque d'eau

Nom s'assied sur les galets. Il ramasse un crabe et le met dans une flaque d'eau.

es rochers

les algues

le phare

Il suit les hommes jusqu'aux rochers, glisse sur des algues et arrive au phare.

a falaise

le tunnel

la caverne

Il escalade la falaise, se glisse dans un tunnel et découvre la cachette des contrebandiers dans une caverne.

L'inspecteur Nom en danger

L'inspecteur Nom surprend les contrebandiers dans leur caverne. Mais le voyant seul, ils partent à sa poursuite.

la route **le pont** **le carrefour**

Il s'enfuit en courant le long d'une route, traverse un pont et arrive à un carrefour.

le poteau indicateur **le chemin** **la haie**

Nom s'arrête devant un poteau indicateur, descend un chemin au pas de course et passe à travers une haie à quatre pattes.

le bois **la rivière** **le radeau**

Il continue sa course vers un bois. Puis il arrive à une rivière qu'il traverse sur un radeau.

la chute d'eau **la colline** **la clôture**

Il évite de justesse une chute d'eau, gravit en courant une colline et saute par-dessus une clôture.

le canal **la péniche** **l'écluse**

Il s'arrête au bord d'un canal, saute au passage sur une péniche et en redescend à une écluse.

la barrière

les tentes

la corde

Nom franchit une barrière, court entre des tentes et trébuche sur une corde.

la caravane

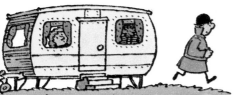

le ruisseau

le gué

Toujours en courant, il passe devant une caravane et il arrive à un ruisseau qu'il traverse grâce à un gué.

le barrage

le moulin

la forêt

A toute vitesse, il traverse un barrage, passe devant un moulin et entre dans une forêt.

la montagne

le téléphérique

la neige

Il commence l'escalade d'une montagne, puis prend un téléphérique et à l'arrivée fait quelques pas dans la neige.

les skis

la luge

le mur

Il essaie des skis, redescend la pente en luge et franchit un mur.

la pièce

la lumière

le commissariat

Nom se précipite dans une pièce obscure et allume la lumière. Les contrebandiers sont pris : ils sont au commissariat.

L'inspecteur Nom au zoo

Le lion du zoo s'est échappé de sa cage.

Quel chemin l'inspecteur Nom doit-il prendre pour le retrouver ?

la cage

le gardien

l'inspecteur Nom

l'ours blanc

les serpents

l'éléphant

le chameau

les phoques

le kangourou

le tigre

la girafe

les pingouins

le hibou

les autruches

les flamants

les crocodiles

l'hippopotame

le rhinocéros

le lion

le zèbre

le buffle

le renne

le panda

les chèvres

le porc-épic

les ours

le pélican

le castor

les singes

le perroquet   le toucan

le loup

la tortue

l'aigle

86-403

NICKLE JR. LIBRARY

35

L'inspecteur Nom cherche des indices

L'inspecteur Nom ouvre la porte de son bureau. « Quelqu'un est passé par ici », se dit-il, et il cherche les indices de cette « visite ».

le plancher

le tiroir

la montre

Il observe le plancher, trouve un tiroir ouvert et ramasse une montre.

la clé

le mouchoir

la lampe électrique

Il découvre une clé, un mouchoir et une lampe électrique.

le stylo

le timbre

l'enveloppe

Quelqu'un s'est servi de son stylo, a volé un timbre et ouvert une enveloppe.

le carnet   **l'ordinateur**   **la calculatrice**

Quelqu'un a lu son carnet, joué avec son ordinateur et fait tomber sa calculatrice.

le crayon   **la bouteille**   **le sandwich**

Quelqu'un a cassé son crayon, vidé sa bouteille, et mangé son sandwich.

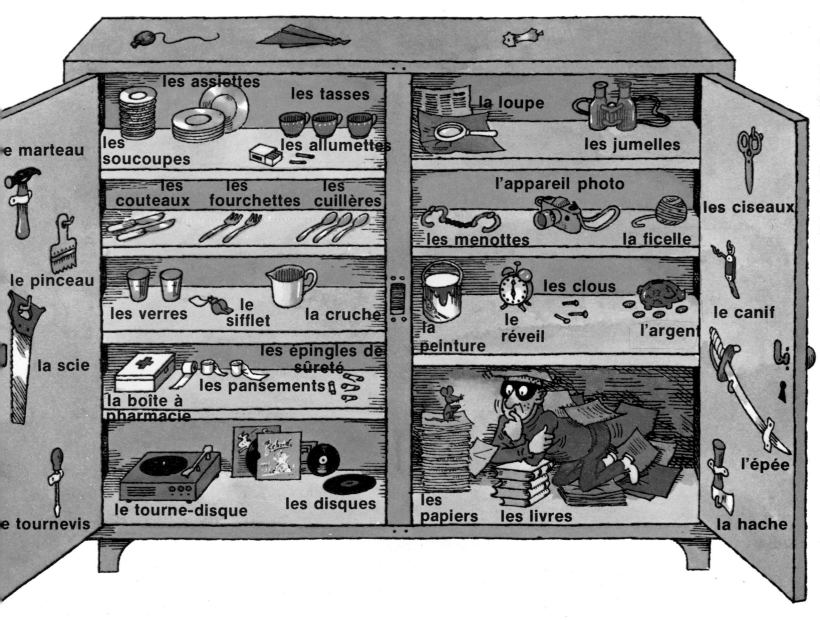

Puis il regarde dans son placard et découvre le cambrioleur.

L'inspecteur Nom et l'espion spatial

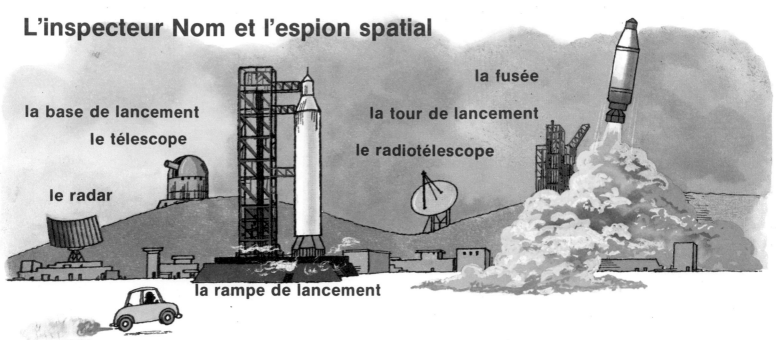

la fusée

la base de lancement

la tour de lancement

le télescope

le radiotélescope

le radar

la rampe de lancement

L'inspecteur Nom arrive à la base de lancement au moment où une fusée décolle. Il sait qu'il y a un espion à bord.

le costume de cosmonaute

les astronautes

la rampe de lancement

Il met un costume de cosmonaute, rencontre deux astronautes et on l'emmène à la rampe de lancement.

l'engin spatial

la couchette

la fusée

Il entre dans l'engin spatial, s'allonge sur une couchette et la fusée décolle.

la terre

le soleil

les étoiles

Il voit la terre sous lui et regarde le soleil et les étoiles.

la navette spatiale

le satellite

la station orbitale

A toute vitesse, il dépasse la navette spatiale, un satellite et une station orbitale.

Nom débarque sur la Lune. L'autre fusée y est déjà.

la jeep lunaire

la poussière lunaire

le rocher lunaire

Il fait un tour en jeep lunaire, voit des empreintes dans la poussière et capture l'espion près d'un rocher lunaire.

l'espace

le météore

la marche dans l'espace

Il repart dans l'espace. Un météore heurte le module. Nom marche dans l'espace.

l'antenne

l'orbite

la mer

Il répare une antenne. Le module revient sur orbite et ils amerrissent.

la capsule

les hommes-grenouilles

la mission

Ils sortent de la capsule. Des hommes-grenouilles sont là pour les aider. La mission est accomplie.

Cherche les détectives

Voici quelques détectives en mission. Combien trouves-tu de Noms et de Verbes ?

le garage

l'arbre

la voiture

la fenêtre

la camionnette

voler

les appartements

grimper

les glaces

pousse

le magasin

la banque

le boucher

le chie

le voleur

les saucisse

courir

jouer

la bicyclette

la pomme

le policier

le policier

tirer

la fontaine

l'éléphant

40

Index des mots illustrés

Voici la liste alphabétique des mots en caractères gras. Après chaque mot est indiqué un nombre. Ce nombre correspond à une page où vous trouverez le mot à l'intérieur d'une phrase.

d

e

l

m

n

o

p

q

r

s

t

u

v

y

z